Rezept auf Seite 14

Rezept auf Seite 42

Ulrike Beilharz
Dirk Przibylla

Nudelsalat

DIE BESTEN REZEPTE

Bassermann

Nudeln machen glücklich

In diesem Buch möchte ich Ihnen eine besondere Vielfalt von Nudel-
salaten vorstellen. Ob als Klassiker, als kulinarisches Highlight, für
den Feierabend oder zum Mitnehmen. Auf jeden Fall gilt: **So lecker
und dabei ganz einfach in der Zubereitung!**

Sei es für den Kindergeburtstag, die Grillparty, das Picknick oder als
Ergänzung zum Buffet. Die vielen unterschiedlichen Zutaten sorgen
immer wieder für zahlreiche Geschmacksvarianten
und sicherlich auch für große Freude bei
Ihnen und Ihren Gästen.

Ihre
Ulrike Beilharz

Rezept auf Seite 43

Inhalt

Nudelsalat Familienhit

Als Hauptgericht für
2 Portionen, als Beilage für 4
Zeitaufwand: ca. 1 Stunde

FÜR DIE NUDELN
200 g Nudeln (z. B. Hörnchen)
200 g Karotten (geschält
　ca. 150 g)
150 g TK-Erbsen
150 g Mais aus der Dose
300 g Fleischwurst
　(z. B. Lyoner im Ring)

FÜR DAS DRESSING
3 EL Mayonnaise
6 EL Joghurt
1 TL Zitronensaft
Salz, Pfeffer
mit Zucker abschmecken

1　Die Nudeln in Salzwasser (1 TL Salz je 1 Liter) nach Packungsanweisung bissfest kochen. Abgießen und kalt abspülen.

2　Die Karotten schälen, Stielansatz und Spitze abschneiden und ca. 15 bis 20 Minuten in Salzwasser kochen. Die weichen, noch bissfesten Karotten in ca. 1 cm große Stücke schneiden.

3　Die gefrorenen Erbsen 6 bis 8 Minuten in Salzwasser kochen, abgießen und sofort mit kaltem Wasser überspülen (so behalten sie die kräftige, grüne Farbe). Den Mais abtropfen lassen. Die Fleischwurst in Stücke schneiden.

4　Mayonnaise und Joghurt verrühren. Mit Zitronensaft, Salz, Pfeffer und Zucker abschmecken.

5　Karotten, Erbsen und Mais in das Dressing geben, Nudeln und Fleischwurst hinzufügen und alles gut mischen.

TIPP　Muss es einmal ganz schnell gehen, können Sie einen ähnlichen Nudelsalat mit folgenden Zutaten zubereiten: 200 g Nudeln (Hörnchen), 400 g Fleischsalat (fertig gekauft), 1 kleine Dose mit Mischgemüse (Erbsen/Mais/Karotten), 5 Gewürzgurken (klein geschnitten), 6 bis 8 EL Gurkenwasser.

Nudelsalat Hawaii

Sollte am gleichen Tag verzehrt werden, denn durch die Säure kann der Käse zu weich werden.

**Als Hauptgericht für
2 Portionen, als Beilage für 4
Zeitaufwand: 30–45 Minuten**

FÜR DIE NUDELN
200 g Nudeln
**½ kleine Ananas (Fruchtfleisch
ca. 200 g) oder Ananas aus
der Dose**
150 g gekochter Schinken
150 g Emmentaler oder Gouda

FÜR DAS DRESSING
3 EL Honig
**1 ½ bis 2 EL heller Balsamico-
Essig**
2 TL mittelscharfer Senf
**3 EL Öl, bevorzugt Sonnen-
blumenöl**
Salz, Pfeffer

1 Die Nudeln in Salzwasser nach Packungsanweisung bissfest kochen, abgießen und zur Seite stellen.

2 Inzwischen Honig und Essig verrühren, den Senf hinzufügen und mit Salz und Pfeffer abschmecken. Das Öl langsam einrühren.

3 Die Ananas schälen, vierteln und den holzigen Strunk aus der Mitte entfernen. Die Ananas in kleine Stücke schneiden, Käse und Schinken würfeln.

4 Ananasstücke, Käse- und Schinkenwürfel unter das Dressing rühren. Die Nudeln untermischen und servieren.

Nudelsalat Gurke & Salami

Kann gut am Vortag zubereitet werden, nur die Frühlingszwiebeln erst kurz vor dem Verzehr dazugeben.

Als Hauptgericht für
3 Portionen, als Beilage für 6
Zeitaufwand: 30 Minuten

FÜR DIE MARINADE
2 Frühlingszwiebeln
½ Päckchen Salatfix (Garten-
  kräuter mit Knoblauch)
100 ml Gurkenwasser aus dem
  Gurkenglas (scharf/würzig,
  z. B. von Knax)
Salz, Pfeffer
2 EL Sonnenblumenöl

FÜR DIE NUDELN
250 g Nudeln (z. B. Fusilli)
4 Gewürzgurken (scharf/würzig,
  z. B. von Hengstenberg)
200 g Salami (½ cm dicke
  Scheiben)

1   Die Frühlingszwiebeln in feine Ringe schneiden. Das halbe Päckchen Salatfix mit dem Gurkenwasser verrühren, die Frühlingszwiebeln hinzufügen und mit Salz und Pfeffer würzig abschmecken (wird durch das Gurkenwasser etwas scharf). Zum Schluss das Sonnenblumenöl unterrühren.

2   Die Nudeln nach Packungsanweisung kochen, abgießen, in eine Schüssel geben. Über die noch warmen Nudeln die Marinade gießen, gut vermengen und durchziehen lassen.

3   Gewürzgurken und Salami in Würfel schneiden und unter die erkalteten, marinierten Nudeln mischen.

TIPP Wegen der schnellen Zubereitung eignet sich dieser Nudelsalat für überraschende Einladungen als Mitbringsel besonders gut. Sollte keine Salami im Hause sein, kann man auch andere kräftig schmeckende Wurstsorten verwenden. Schmeckt besonders gut zu Bier, da der Salat sehr würzig ist.

Nudelsalat Tomaten-Hühnchen

Der Nudelsalat kann gut vorbereitet werden. Die Hähnchenteile erst kurz vor dem Servieren darauflegen, die Knusperkruste soll erhalten bleiben. Servieren Sie den Salat bei besonderen Anlässen in Fingerfoodschälchen oder kleinen Gläschen (ca. 150 ml). Dafür ein bis zwei Hähnchenstücke mit 1/2 Cocktailtomate auf einen Zahnstocher stecken und auf den Nudelsalat legen. Mit Panko wird die Kruste besonders knusprig.

Foto im Buchdeckel vorne links

**Als Hauptgericht für
2 Portionen, als Beilage
für 4–6 Portionen
Zeitaufwand: 1 Stunde**

FÜR DIE NUDELN
200 g Nudeln (z. B. Hörnchen)
2 Knoblauchzehen

FÜR DAS DRESSING
100 ml passierte Tomate
2 EL heller Balsamico-Essig
4 EL Olivenöl
1 Prise Zucker
Salz, Pfeffer
200 g Kirschtomaten
½ Bund Frühlingszwiebeln

FÜR DAS HÜHNCHEN
**150–200 g Hähnchenfilet
  oder Hähnchenbrust**
Pfeffer, Salz
Mehl
1 Ei
**Panko Paniermehl
  (bekommt man in Lebens-
  mittelgeschäften)**
2 EL Öl

1 Die Nudeln nach Packungsanweisung in Salzwasser bissfest kochen. Dabei die geschälten Knoblauchzehen mit ins Kochwasser geben. Die gekochten Nudeln abgießen und mit kaltem Wasser abschrecken. Die Knoblauchzehen herausnehmen und für das Dressing zur Seite legen.

2 Die passierten Tomaten mit Essig, Salz, Pfeffer und Zucker verrühren. Das Olivenöl langsam einlaufen lassen, unterrühren und abschmecken. Die Kirschtomaten halbieren oder vierteln, die Frühlingszwiebeln in feine Ringe schneiden. Den Knoblauch pressen und zusammen mit den Tomaten und den Frühlingszwiebeln unter das Dressing rühren. Jetzt die erkalteten Nudeln untermischen, alle in eine Schüssel geben und zur Seite stellen.

3 Das Hähnchenfilet in kleine Stücke schneiden (ca. 2 x 2 cm), mit Salz und Pfeffer würzen und mit Mehl bestäuben. Das Ei verquirlen. Die Hähnchenteile im Ei wenden und in dem Paniermehl wälzen.

4 In einer Pfanne das Öl erhitzen und die Hähnchenstücke darin bei mittlerer Hitze goldgelb backen. Die Hähnchenwürfel auf den Nudelsalat legen, nicht untermischen, damit die Kruste knusprig bleibt.

Nudelsalat Kassler

Dieser Salat kann gekühlt auch noch am nächsten Tag verzehrt werden.

**Foto im Buchdeckel
vorne rechts**

**Als Hauptgericht für
3 Portionen, als Beilage für 6
Zeitaufwand: ca. 30 Minuten**

250 g Nudeln (z. B. Schleifen)
**150 g Salatcreme (z. B. Miracel
Whip)**
**5 EL Gurkenwasser
(aus dem Gurkenglas)**
**200 g gekochtes Kassler
(ca. ½ cm dicke Scheiben)**
200 g Erbsen aus der Dose

1   Die Nudeln in ca. 3 Liter Salzwasser (1 TL Salz je 1 Liter Wasser) nach Packungsanweisung garen. Abgießen und zur Seite stellen.

2   Salatcreme und Gurkenwasser gut verrühren. Das Kassler in kleine Würfel schneiden. Kassler-Würfel und Erbsen in die Salatcreme geben und alles gut mischen.

3   Die erkalteten Nudeln unter die Masse heben. Ein bisschen durchziehen lassen (30 Minuten oder länger) und servieren.

 **TIPP**   Wegen der schnellen und einfachen Zubereitung eignet sich dieser Nudelsalat als Mitbringsel bei kurzfristigen Einladungen besonders gut. Zum Beispiel für ein Buffet, zum Grillfest oder Picknick.

Nudelsalat Hackbällchen

Ohne den Rucola kann der Nudelsalat einen Tag vorher zubereitet werden.

**Als Hauptgericht für
3 Portionen, als Beilage für 6
Zeitaufwand: ca. 90 Minuten**

FÜR DIE BÄLLCHEN
300 g Rinderhack
2 Eier
1 EL scharfer Senf
Pfeffer, Salz
Semmelbrösel
4–6 EL Öl

FÜR DAS DRESSING
5 Stiele frisches Basilikum
1 kleine Knoblauchzehe
¼ TL Ingwer
4 EL Joghurt
1 EL Zitronensaft
½ TL Zucker
1 Spritzer Tabasco
8 EL Olivenöl

FÜR DEN SALAT
**250 g Nudeln (z. B. Schleifen-
    nudeln)**
Salz
1 EL Suppengewürz
20 Mini-Tomaten, halbiert
2 Handvoll Rucola

1 Hackfleisch, Eier und Senf gut vermischen, mit Salz und Pfeffer abschmecken. Etwas Semmelbrösel unter das Hackfleisch kneten, die Masse sollte dabei so fest werden, dass man kleine Kugeln formen kann. Nun aus der Hackmasse ca. 30 bis 35 kleine Bällchen zwischen den Handflächen rollen (eventuell dabei die Hände leicht anfeuchten) und in Semmelbrösel wälzen.

2 Inzwischen das Öl in einer Pfanne erhitzen und die Bällchen rundherum gut braun braten. Die Hackbällchen aus der Pfanne nehmen und zur Seite stellen.

3 Das Basilikum waschen und die Blätter abzupfen. Knoblauchzehe und Ingwer fein reiben. Joghurt, Knoblauch, Ingwer und Basilikumblätter in einen hohen Becher geben und mit dem Pürierstab zu einer glatten Masse pürieren. Mit Zitronensaft, Pfeffer, Salz, Tabasco und Zucker abschmecken. Jetzt langsam das Öl unterschlagen (durch das langsame Unterschlagen des Öls wird das Dressing sämig).

4 Das Nudelwasser mit Salz und Suppenwürze aufkochen und die Nudeln nach Packungsanweisung bissfest garen.

5 Die gegarten, noch heißen Nudeln in eine Schüssel geben, das Dressing hinzufügen und gut mischen. Durchziehen lassen. Erst wenn die Nudeln abgekühlt sind, die halbierten Mini-Tomaten und die Hackfleischbällchen unterheben. Anschließend den frischen Rucola vorsichtig untermischen.

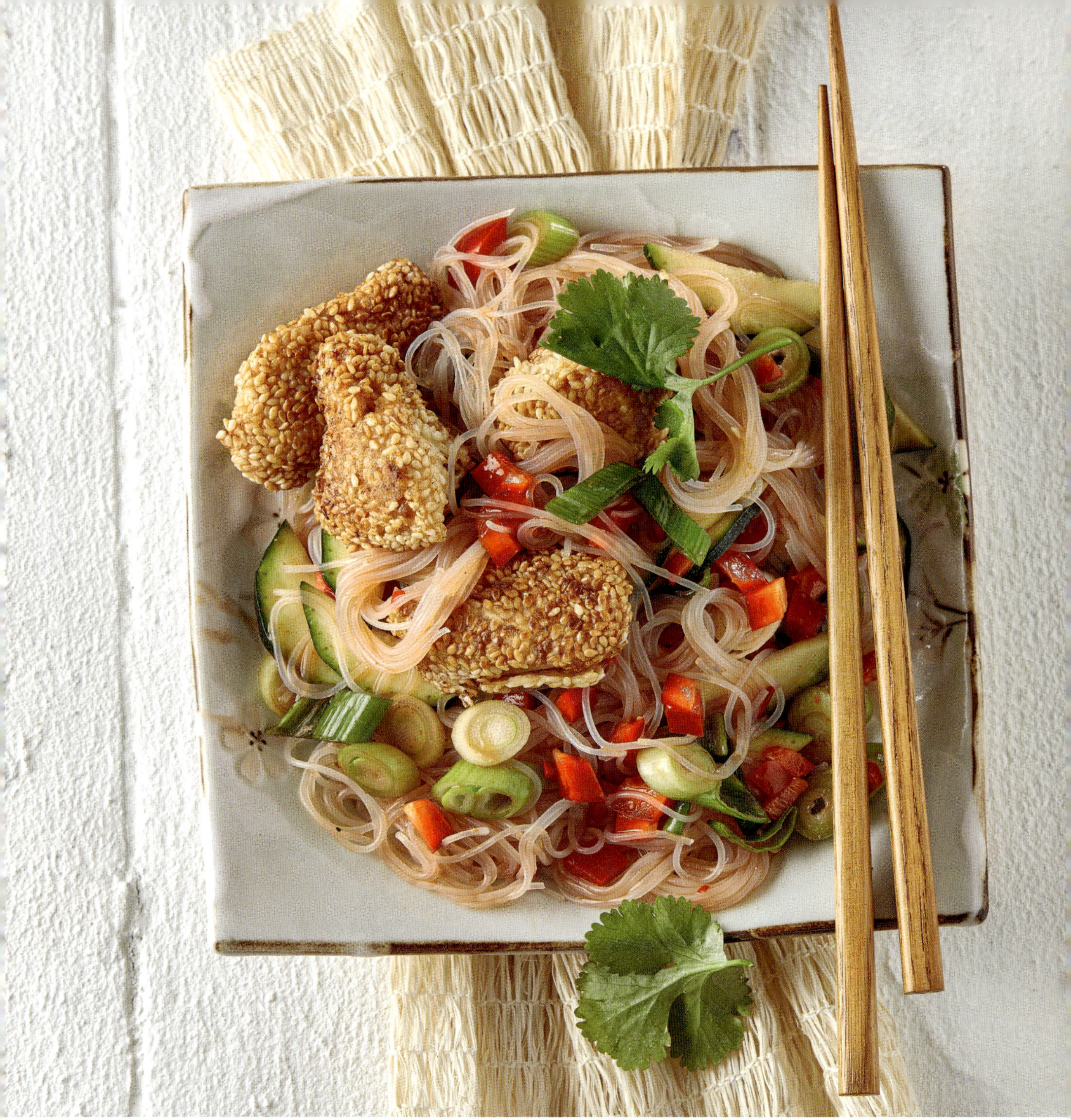

TIPP Den Sesam kann man geschält oder ungeschält kaufen. Geröstet oder gebacken schmeckt Sesam intensiver. Sesam gehört zu den selen- und calciumreichsten Lebensmitteln.

Glasnudelsalat mit knuspriger Pute

Dieser Salat kann gut vorbereitet werden. Die gebratenen Putenstücke aber erst vor dem Servieren auf den Nudelsalat legen.

**Als Hauptgericht für
2 Portionen, als Beilage für 4
Zeitaufwand: ca. 1 Stunde**

FÜR DAS FLEISCH
150 g Putenschnitzel
2 EL Sojasoße
Salz, Pfeffer
Mehl zum Bestäuben
1 Ei
Sesam
2 EL Öl

FÜR DIE NUDELN
100 g Glasnudeln
½ gelbe Paprika
½ kleine Zucchini
3–4 Frühlingszwiebeln
2 EL Sesamöl

FÜR DAS DRESSING
1 EL Apfelessig
1 EL Honig
1 EL Ketchup
4 EL Sojasoße
**1 TL Sambal Olek (scharfe
  Würzpaste)**
Pfeffer, Salz
1 kleine scharfe Chilischote

1 Die Putenschnitzel in kleine Stücke (ca. 2 x 2 cm) schneiden, mit Sojasoße marinieren. Zur Seite stellen. Die Glasnudeln mit kochendem Wasser übergießen und ca. 5 Minuten ziehen lassen. Die Nudeln abgießen und mit der Küchenschere kleiner schneiden.

2 Für das Dressing Essig, Honig, Ketchup und Sojasoße gut verrühren. Mit Sambal Oelek, Pfeffer und Salz scharf abschmecken. Die Chilischote waschen, entstielen und längs halbieren, die Kerne entfernen. Das Fruchtfleisch fein hacken und zum Dressing geben.

3 Paprika, Zucchini und Frühlingszwiebeln klein schneiden und zusammen mit den Nudeln unter das Dressing mischen. Zuletzt das Sesamöl darüber träufeln.

4 Von den marinierten Putenstücken die übrige Sojasoße entfernen. Die Fleischstücke mit Pfeffer und Salz würzen und mit leicht mit Mehl bestäuben. Das Ei verquirlen. Die bemehlten Putenstücke in Ei wenden und anschließend im Sesam wälzen.

5 Das Öl in einer Pfanne erwärmen und darin die Putenstücke langsam braten. Das dauert ca. 10 Minuten bei mittlerer Hitze. Den Nudelsalat in eine Schüssel geben und die knusprig gebratenen Putenstücke obenauf legen und servieren. Damit die Putenstücke knusprig bleiben, nicht untermischen.

Dänischer Nudelsalat mit Spargel & Schinken

Dieser milde Salat, der auch bei Kindern sehr beliebt ist, lässt sich gut vorbereiten, sollte aber wegen der Mayonnaise am gleichen Tag gegessen werden. Das Rezept habe ich von Megan, meiner lieben dänischen Schwiegertochter.

Als Hauptgericht für 2 Portionen, als Beilage für 4
Zeitaufwand: ca. 1 Stunde (die Zutaten müssen vor der Weiterverarbeitung alle abkühlen)

FÜR DIE NUDELN
150 g Nudeln (z. B. Hörnchen)
3 Eier
500 g weißer Spargel
125 g gekochter Schinken
1 kleine Dose Erbsen (ca. 150 g)

FÜR DAS DRESSING
4 EL Mayonnaise
2 EL Sahne
1 EL heller Balsamico-Essig
1 Prise Zucker
Salz, Pfeffer

1   Die Nudeln nach Packungsanweisung in Salzwasser bissfest kochen. Abgießen und erkalten lassen.

2   Die Eier mit kaltem Wasser aufsetzen und 7 Minuten kochen, abschrecken und schälen.

3   Den Spargel schälen, waschen und in ca. 3 cm große Stücke schneiden. Salzwasser in einem Topf zum Kochen bringen und die Spargelstücke darin ca. 15 bis 20 Minuten garen. Abgießen und erkalten lassen.

4   Die Mayonnaise mit Sahne und Essig gut verrühren und mit Zucker, Salz und Pfeffer abschmecken.

5   Die abgekühlten Eier und den Schinken klein schneiden. Die Erbsen in einem Sieb abtropfen lassen. Nudeln, Spargel, Eier, Schinken und Erbsen zusammen in eine Schüssel geben und mit der Mayonnaise gut vermischen.

Gebackene Makkaroni-Schinken-Scheibe

Eine sehr schöne und dekorative Vorspeise. Dafür jeweils 2 Scheiben auf einen Dessertteller legen und daneben einen Klecks Joghurtdressing, mit Kräutern dekorieren. Auch Kindern schmeckt diese Pastete sehr gut. Noch besser schmeckt dieses Gericht, wenn Sie es einen Tag vorher zubereiten.

Als Vorspeise für 6 Portionen, als Hauptgericht für 3.
Für eine kleine Pasteten-, Auflauf- oder Kastenform, ca. 30 cm lang x 8 cm breit x 7 cm hoch, Inhalt ca. ¾ Liter
Zeitaufwand: 2–3 Stunden

FÜR DIE NUDELN
200 g Makkaroni
150 ml Milch
3 Eier
50 g geriebener Käse (Gouda)
Pfeffer, Salz,
1 Messerspitze geriebene Muskatnuss
200 g gekochten Schinken

FÜR DAS DRESSING
2 EL gehackte Petersilie
2 EL geschnittener Schnittlauch
4 EL Salatcreme (z. B. Miracel Whip)
4 EL Joghurt
Salz, Pfeffer, Chilipulver

1   Die Makkaroni nach Packungsanweisung bissfest kochen. Abgießen und erkalten lassen.

2   Milch, Eier und geriebenen Käse miteinander verquirlen und mit Pfeffer, Salz und Muskatnuss abschmecken. Den Backofen auf 180 °C vorheizen.

3   Die Pasteten-Form ausfetten oder mit Backpapier auslegen. Die Form mit den gekochten Makkaroni zur Hälfte auslegen. Mit etwas Eier-Käse-Milch auffüllen bis die Nudeln bedeckt sind. Jetzt den klein geschnittenen Kochschinken auf den Nudeln verteilen und mit den übrigen Makkaroni bedecken. Mit der restlichen Eier-Käse-Milch begießen. Im vorgeheizten Backofen ca. 30 bis 40 Minuten backen. Die Nudelpastete aus dem Ofen nehmen, auf ein Kuchengitter stürzen und erkalten lassen.

4   Die Kräuter klein schneiden. Die Salatcreme mit Joghurt verrühren, mit Salz, Pfeffer und wenig Chili abschmecken. Die Kräuter hinzufügen.

5   Den erkalteten Auflauf in 2 cm dicke Scheiben schneiden, auf eine Platte oder auf Teller geben und mit dem Joghurtdressing anrichten.

Nudelsalat Schinken & Pfifferlinge

Wildpilze sollten am Tag der Zubereitung verzehrt werden. Dieser Nudelsalat schmeckt lauwarm besonders gut.

**Als Hauptgericht für
3 Portionen, als Beilage für 6
Zeitaufwand: ca. 1 Stunde**

**250 g Nudeln
250 g frische Pfifferlinge
1 EL Öl
60 g geräucherter Schinken,
  gewürfelt
100 ml Brühe
Salz, Pfeffer
1 Prise Chili
2–3 EL dunkler Balsamico-Essig**

1   Die Nudeln in ca. 3 Litern kochendem Salzwasser (1 TL Salz pro 1 Liter Wasser) nach Packungsanweisung garen. Abgießen und zur Seite stellen.

2   Die Pfifferlinge vorsichtig mit einem Pinsel (z. B. Kuchenpinsel) säubern. Anschließend nur die Stielenden kappen. Stark verschmutzte Exemplare mit kaltem Wasser kurz abbrausen. Kleinere Pfifferlinge verwendet man meist im Ganzen, größere Exemplare werden halbiert.

3   Das Öl in einer Pfanne erhitzen und die Schinkenwürfel darin braten. Die geputzten Pfifferlinge dazugeben und kurz mitbraten. Mit der Brühe aufgießen und etwas einkochen. Mit Salz, Pfeffer, Chili und Balsamico-Essig abschmecken.

4   Die Nudeln in die noch heißen Pfifferlinge geben. Gut durchmischen, erkalten lassen und anrichten.

Nudelsalat Thunfisch-Mais-Paprika

Kann gut ein paar Stunden vorher zubereitet werden. Der Nudelsalat sieht schöner aus, wenn Sie den Thunfisch nicht mit den Nudeln vermischen, sondern darauf verteilen.

**Als Hauptgericht für
2 Portionen, als Beilage für 4
Zeitaufwand: 45 Minuten**

FÜR DIE NUDELN
200 g Nudeln (z. B. Spirelli)
3 Eier
150 g Paprika
20 grüne Oliven ohne Kern
150 g Mais aus der Dose
250 g Thunfisch in Eigensaft
Basilkum

FÜR DAS DRESSING
3 EL Salatcreme
  (z. B. Miracel Whip)
4 EL Joghurt
Salz, Pfeffer
Tabasco nach Geschmack

1 Die Nudeln in Salzwasser nach Packungsanweisung bissfest kochen. Abgießen und zur Seite stellen.

2 Während dieser Zeit die Eier 7 Minuten kochen, mit kaltem Wasser abschrecken und pellen.

3 Die Paprika in kleine Stücke schneiden, die Oliven in dünne Scheibchen schneiden und den Mais abtropfen lassen.

4 Die Salatcreme mit Joghurt mischen und mit Salz, Pfeffer und Tabasco abschmecken.

5 Den Thunfisch grob zerkleinern und zusammen mit Mais, Paprika und Oliven mit dem Dressing mischen.

6 Jetzt die abgekühlten Nudeln und die mit dem Eierschneider geschnittenen Eier vorsichtig unterheben. Vor dem Servieren mit Basilikum dekorieren.

Nudelsalat Zuckerschoten & Räucherlachs

Sollte am gleichen Tag gegessen werden, damit alles noch schön knackig ist.

Foto im Buchdeckel hinten links

Als Hauptgericht für
2 Portionen, als Beilage für 4
Zeitaufwand: ca. 45 Minuten

FÜR DIE NUDELN
200 g Nudeln (z. B. kleine Röhr-
    chennudeln, Maccronelli)
200 g Zuckerschoten, alter-
    nativ 250 g grünen Spargel,
    siehe Tipp
200 g Tomaten
250 g geräucherter Lachs

FÜR DAS DRESSING
3 EL heller Balsamico-Essig
1 knapper EL Zucker
Salz, Pfeffer
75 g Sahne
15 schwarze entsteinte Oliven

1 Die Nudeln nach Packungsanweisung in Salzwasser bissfest garen. Abgießen und kalt abbrausen.

2 Inzwischen die Zuckerschoten waschen, die Enden mit einem scharfen Messer kappen und dabei die Fäden von oben nach unten abziehen. Die geputzten Zucker-schoten kurz in gesalzenes, kochendes Wasser geben und nicht länger als 3 Minuten kochen. Abgießen und mit kaltem Wasser abschrecken (so behalten sie die intensive grüne Farbe).

3 Essig und Zucker verrühren und mit Salz und Pfef-fer abschmecken. Die Sahne unterrühren und nochmal abschmecken. Die Oliven in Scheibchen schneiden und unter das Sahnedressing geben.

4 Die Tomaten vierteln und den Lachs in Streifen schneiden. Nudeln, Zuckerschoten, Lachs und Tomaten mit dem Dressing gut mischen und servieren.

TIPP Statt Zuckererbsen kann man auch grünen Spargel verwenden. Dabei 250 g grünen Spargel waschen und das untere Drittel der Stange schälen, in Stücke schneiden und 5 bis 10 Minuten in kochendem Wasser garen. Der Spargel soll noch knackig sein.

Nudelsalat mit zweierlei Spargel & Krabben

Kann man gut ein paar Stunden vorher zubereiten. Wegen der Mayonnaise sollte der Salat aber am gleichen Tag gegessen werden.

Foto im Buchdeckel hinten rechts

Als Hauptgericht für 2 Portionen, als Beilage für 4
Zeitaufwand: ca. 1 Stunde

FÜR DIE NUDELN
150 g Nudeln (z. B. Schmetter-lingsnudeln)
200 g weißen Spargel
200 g grünen Spargel
Dill

FÜR DAS DRESSING
150 g Salatmayonnaise (Miracel Whip)
3 EL Tomatenketchup
2 TL Limettensaft
½ Packung TK-Dill
Salz, Pfeffer
125 g gekochte Krabben

1 Die Nudeln nach Packungsanweisung in Salzwasser bissfest kochen. Abgießen und zur Seite stellen.

2 Den weißen Spargel schälen, waschen und in ca. 3 cm große Stücke schneiden. Den grünen Spargel am unteren Drittel schälen, waschen und ebenfalls in ca. 3 cm große Stücke schneiden.

3 Salzwasser in einem Topf zum Kochen bringen. Die weißen Spargelstücke in das kochende Wasser geben und ca. 15 bis 20 Minuten kochen. Nach 7 bis 10 Minuten die grünen Spargelstücke dazugeben (grüner Spargel benötigt nur die halbe Kochzeit als weißer Spargel). Abgießen und mit kaltem Wasser abschrecken.

4 Für das Dressing die Salatmayonnaise mit Ketchup, Limettensaft und Dill gut verrühren. Mit Salz und Pfeffer abschmecken. Die Krabben untermengen.

5 Nudeln und Spargel zusammen in eine Schüssel geben und mit der Krabben-Mayonnaise gut mischen. Mit einem schönen Dillzweig dekorieren.

 **TIPP** Anstelle von Krabben können auch Fluss-krebsfleisch oder Scampi verwendet werden.

Nudelsalat mit frischem Zander

Ein edler Nudelsalat, der gut vorbereitet werden kann, er sollte aber wegen des Fischs am gleichen Tag verzehrt werden.

**Als Hauptgericht für
2 Portionen, als Beilage für 4
Zeitaufwand: ca. 90 Minuten**

FÜR DIE NUDELN
**200 g Nudeln (schmale
  Bandnudeln)**
200 g TK-Erbsen
**250 g Zanderfilet (alternativ
  frischer Lachs)**
Salz, Pfeffer, Zitronensaft
3 EL Olivenöl

FÜR DAS DRESSING
½ Knoblauchzehe, gerieben
½ TL Ingwer, gerieben
**1–2 EL Balsamico-Essig
  (nach Geschmack)**
100 ml Brühe
100 g Sahne

1 Die Nudeln nach Packungsanweisung bissfest abkochen. Abgießen und kalt abbrausen.

2 Die Erbsen in Salzwasser 6 bis 8 Minuten kochen, abgießen und sofort mit kaltem Wasser übergießen (so behalten sie die grüne Farbe).

3 Vom Zander die Haut entfernen und den Fisch in Würfel (ca. 3 cm) schneiden, mit Salz, Pfeffer und Zitronensaft würzen. Das Öl in einer Pfanne erhitzen und den Fisch darin rundum braten. Das dauert etwa 5 bis 7 Minuten. Den Fisch aus der Pfanne nehmen und zur Seite stellen.

4 Knoblauch, Ingwer, Essig und Brühe in die Pfanne geben und solange einkochen bis der Pfannenboden nur noch leicht bedeckt ist. Die Pfanne vom Herd nehmen, die Sahne in das Konzentrat rühren und abschmecken.

5 Jetzt Nudeln, Fisch und Erbsen zu dem noch warmen Sahne-Sud geben und umrühren. In einer Schüssel, mit ein paar Dillzeigen als Deko, servieren.

TIPP Schmeckt auch lauwarm sehr gut. Schön sieht es aus, wenn man je zur Hälfte Zander und Lachs nimmt. Auch ein paar Garnelen machen sich gut darin.

Nudelnester Räucherlachs

Die Marinade kann gut vorbereitet, die Nudeln vorher gekocht werden. Die Nudelnester ergeben eine elegante, schmackhafte Vorspeise. Besonders eignen sich hierfür grüne (mit Spinat gefärbt) oder schwarze Nudeln (mit Sepiatinte).

Ergibt ca. 4 Vorspeisen oder als Hauptgericht für 2
Zeitaufwand: ca. 1 Stunde

FÜR DAS DRESSING
1 TL flüssiger Honig
1 EL heller Balsamico-Essig
1 EL mittelscharfer Senf
Pfeffer
3 EL Öl
1 EL TK-Dill

FÜR DIE NUDELN
125 g Nudeln (Tagliatelle)
150 g geräucherte Lachsscheiben
Dillzweige

1 Für das Dressing Honig, Essig und Senf gut verrühren. Mit Pfeffer abschmecken. Zum Schluss das Olivenöl langsam unterschlagen, dann den Dill einrühren (durch das langsame Unterschlagen des Öls ergibt sich ein sämiges Dressing).

2 Die Nudeln in Salzwasser nach Packungsanweisung bissfest kochen. Abgießen und mit kaltem Wasser kurz abbrausen.

3 Mit einer Fleischgabel die Nudeln zu ca. 4 Nestern drehen und auf eine Platte oder einzeln auf Vorspeisenteller setzen. Jeweils eine Scheibe Räucherlachs zu einer Rose drehen und in die Mitte der Nudelnester setzen.

4 Die Marinade über die Lachs-Nudelnester träufeln und mit einem Dillzweig dekoriert servieren.

 TIPP Die Marinade kann auch in einer größeren Menge zubereitet und in einem Schraubglas einige Tage aufbewahrt werden. Sie eignet sich auch gut als Dressing für grüne Salate.

Nudelsalat Frutti di Mare

Dieser pikant-scharfe Salat kann vorher zubereitet werden, sollte aber
wegen des Fischs am gleichen Tag verzehrt werden.

**Als Hauptgericht für
3 Portionen, als Beilage für 6
Zeitaufwand: ca. 1 Stunde**

2 Knoblauchzehen
1 rote, scharfe Peperoni
30 g Olivenöl
½ TL italienische getrocknete
  Kräuter mit Chili
300 g TK-Frutti di Mare
2 Stängel frischen Thymian
1–2 TL dunkler Balsamico-Essig
Salz
250 g Nudeln (z. B. breite
  Nudeln)
3 EL Olivenöl

TIPP

In Fingerfoodschälchen oder
kleinen Gläschen (ca. 150 ml)
serviert, wird dieser Nudelsalat etwas ganz Besonde-
res. Dazu nehmen Sie eine
kleine Nudelsorte und geben
eine vorher in Olivenöl und
Knoblauch gebratene Garnele
obenauf. Eignet sich besonders gut für einen Stehemp-
fang oder zur Gartenparty.

1 Die Knoblauchzehen schälen und längs in dünne
Streifen schneiden. Die Peperoni längs halbieren, die
weißen Kerne fast alle entfernen (je mehr Kerne man
verwendet, desto schärfer wird das Gericht) und das
Fruchtfleisch in dünne Scheiben schneiden.

2 Das Olivenöl in der Pfanne erhitzen, Knoblauch und
Peperoni langsam anbraten. Italienische Kräuter hinzufügen und kurz mitbraten (Vorsicht, nicht verbrennen
lassen).

3 Knoblauch, Peperoni und Kräuter aus der Pfanne
nehmen, das Öl soll dabei in der Pfanne bleiben. Die
gefrorenen Meeresfrüchte im heißen, restlichen Öl,
abgedeckt, bei mittlerer Hitze ca. 15 bis 20 Minuten
garen. Danach von der Herdplatte nehmen.

4 Peperoni, Knoblauch und italienische Kräuter zu-
rück in die Pfanne geben und mit den Meeresfrüchten
mischen. Thymianblättchen und Essig dazugeben und
mit etwas Salz abschmecken.

5 Die Nudeln laut Packungsanweisung „al dente"
kochen, abgießen und noch heiß in die Pfanne zu den
Meeresfrüchten geben. Alles gut vermengen und durchziehen lassen.

6 In einer Schüssel anrichten, mit dem Olivenöl beträufeln. Vor dem Servieren noch einmal gut umrühren.

Glasnudelsalat Shrimps & Kirschtomate

Dieser pikant-scharfe Glasnudelsalat kann ein paar Stunden vorher zubereitet werden.

**Als Hauptgericht für
2 Portionen, als Beilage für 4
Zeitaufwand: 30 Minuten**

FÜR DIE NUDELN
100 g Glasnudeln
150 g TK-Juliennegemüse,
  siehe Tipp
150 g Cocktailtomaten
200 g gekochte Shrimps
1 EL Sesamöl
evtl. Koriandergrün

FÜR DAS DRESSING
5 EL Sojasoße
1 EL frischer Ingwer, gerieben
2 EL Zitronensaft
2 EL brauner Zucker
1 TL Sambal Oelek
Salz, Pfeffer
2 EL neutrales Öl (z. B.
  Sonnenblumenöl)

1 Die Glasnudeln mit kochendem Wasser übergießen und ca. 5 Minuten ziehen lassen. Abtropfen lassen und mit der Küchenschere etwas kleiner schneiden.

2 In einem Topf Salzwasser zum Kochen bringen und das gefrorene Juliennegemüse ca. 5 Minuten darin blanchieren. Abgießen und mit kaltem Wasser abbrausen.

3 Sojasoße, frisch geriebenen Ingwer, Zitronensaft und Zucker zusammen verrühren, bis sich der Zucker aufgelöst hat. Mit Sambal Oelek, Salz und Pfeffer abschmecken. Das Öl langsam einfließen lassen und dabei unterrühren.

4 Die Cocktailtomaten halbieren oder vierteln und mit dem inzwischen erkalteten Gemüse in das Dressing geben. Nudeln und Shrimps hinzufügen und alles gut vermengen.

5 Das Sesamöl darüber träufeln und den Salat anrichten, eventuell frische Koriandergrün-Blättchen darüber streuen.

 **TIPP** Wenn Sie kein TK-Juliennegemüse bekommen, schneiden Sie 1 kleine Karotte, 1 kleines Stück Staudensellerie und ½ kleine rote Paprika in ganz schmale Streifen. Das Gemüse in kochendem Salzwasser 5 Minuten blanchieren, abgießen und kalt abbrausen.

Nudelsalat Champignons, Rucola & Parmesan

Kann gut vorbereitet werden, allerdings sollten Rucola und Parmesan
erst vor dem Verzehr hinzugefügt werden.

**Als Hauptgericht für
2 Portionen, als Beilage für 4
Zeitaufwand: 1 Stunde**

300 g kleine Champignons
3 Knoblauchzehen
**8 eingelegte getrocknete
  Tomaten**
20 g Butter
4 EL dunkler Balsamico-Essig
3 EL Olivenöl
Pfeffer, Salz
150 g Nudeln (z. B. Hörnli)
1 Handvoll Rucola
25 g Parmesankäse, gehobelt

1 Die Champignons putzen und halbieren. Die Knoblauchzehen schälen und in ganz dünne Scheibchen schneiden. Die getrockneten Tomaten in schmale Streifen schneiden.

2 Die Butter in einer Pfanne erhitzen und die Champignons darin braten. Nach kurzer Zeit den Knoblauch hinzufügen und mitbraten. Die Hitze reduzieren und Essig sowie eingelegte Tomaten in die Pfanne geben und die Flüssigkeit etwas einkochen lassen. Mit Olivenöl, Salz und Pfeffer kräftig abschmecken.

3 Inzwischen die Nudeln nach Packungsanweisung bissfest kochen. Abgießen und noch heiß in die Pfanne zu den Pilzen geben. Den Herd ausschalten und die Nudeln umrühren. In der Pfanne erkalten lassen (in dieser Zeit kann der Nudelsalat durchziehen).

4 Den abgekühlten Nudelsalat in eine Schüssel geben. Den Rucola klein schneiden und unter die Nudeln heben. Mit dem gehobelten Parmesan bestreuen.

TIPP

Legen Sie getrocknete Tomaten selbst ein. Sie geben vielen Gerichten (z. B. Salaten oder Pasta) einen besonderen und kräftigen Geschmack. Die eingelegten Tomaten, mit Öl bedeckt, halten sich monatelang in einem Schraubglas. Getrocknete Tomaten bekommen Sie zu jeder Jahreszeit im Lebensmittelgeschäft oder Sie trocknen Tomaten selbst. Das Rezept zum Einlegen finden Sie auf Seite 72.

Nudelsalat Frühlingsbunt

Dieser Salat sollte so frisch wie möglich gegessen werden,
damit das Gemüse schön knackig ist.

Als Beilage für 6–8 Portionen
Zeitaufwand: 30 Minuten

FÜR DIE NUDELN
150 g Zuckerschoten
200 g Radieschen
2 gelbe, süße Spitzpaprika
   (Cocktailpaprika)
100 g Gurke (Mini- oder
   Snackgurke)
½ Bund Frühlingszwiebeln
150 g Nudeln

FÜR DAS DRESSING
2 EL heller Balsamicoesig
1 EL Honig oder Agavendicksaft
Salz, Pfeffer
4 EL Olivenöl

1 Die Zuckerschoten waschen, die Enden mit einem scharfen Messer kappen und dabei die Fäden von oben nach unten abziehen. Die geputzten Zuckerschoten kurz in gesalzenes, kochendes Wasser geben und maximal 3 Minuten kochen. Abgießen und mit kaltem Wasser abschrecken (so behalten sie die intensive grüne Farbe).

2 Die Radieschen in dünne Scheiben schneiden. Die Spitzpaprika längs halbieren, Kerne entfernen und das Fruchtfleisch in kurze Streifen schneiden. Die Gurke längs aufschneiden, die Kerne in mit einem Löffel entfernen und die restliche Gurke in feine Halbringe schneiden. Die Frühlingszwiebeln in dünne Ringe schneiden. Das gesamte Gemüse in eine Schüssel geben.

3 Die Nudeln nach Packungsanweisung in Salzwasser bissfest garen. Abgießen, kalt abspülen. Wenn sie kalt sind, zum Gemüse hinzufügen.

4 Essig und Honig (oder Agavendicksaft) verrühren und mit Pfeffer und Salz abschmecken. Das Öl langsam einfließen lassen und dabei gut untermischen. Das Dressing über die Nudeln mit dem Gemüse geben und alles gut durchmengen.

 **TIPP** Der Frühlingssalat wird perfekt mit ein paar Gänseblümchen und/oder Borretschblüten. Man soll den Frühling bei diesem Nudelsalat sehen und schmecken. Wenn der Salat vegan sein soll, nehmen Sie Nudeln ohne Ei und statt Honig Agavendicksaft.

Nudelsalat Omas Bester mit Ei & Käse

Dieser Salat sollte nicht zu lange stehen, damit der Käse nicht weich wird. Ich nehme hierzu gerne bunte Nudeln (gibt es fast in jedem Lebensmittelgeschäft), weil diese dem Nudelsalat etwas Farbe geben.

Foto auf S. 4

**Als Hauptgericht für
2 Portionen, als Beilage für 4
Zeitaufwand: 30–45 Minuten**

FÜR DIE NUDELN
**6 Eier
200 g Nudeln (z. B.
   bunte Rigatoni)
150 g mittelalter Gouda oder
   Emmentaler
evtl. Schnittlauch**

FÜR DAS DRESSING
**3 EL heller Balsamico-Essig
½ TL Salz
½ TL Zucker
Pfeffer
100 g Sahne
1 EL Petersilie, gehackt
1 EL Schnittlauch, gehackt
1 EL Kerbel, gehackt**

1   Die Eier 7 Minuten hart kochen, abgießen, sofort mit kaltem Wasser abschrecken und pellen. Die Nudeln in Salzwasser nach Packungsanweisung bissfest garen.

2   Essig, Salz, Zucker und Pfeffer vermengen und die Sahne langsam einrühren. Es entsteht ein sämiges Dressing. Petersilie, Schnittlauch und Kerbel hinzufügen und abschmecken.

3   Die noch lauwarmen Nudeln in das Dressing geben. 5 Eier mit dem Eierschneider schneiden, den Käse in kleine Würfel schneiden und beides zusammen mit den Nudeln und dem Dressing gut vermischen.

4   In einer Schüssel oder einem großen Teller anrichten, dabei das übrige Ei achteln und als Deko auf den Nudelsalat setzen. Eventuell mit Schnittlauchröllchen bestreuen.

Nudelsalat Tomaten, Schafskäse & Pinienkerne

Dieser Salat ist kräftig im Geschmack und passt wunderbar zu Bier und Wein.
Er sollte beim Servieren Zimmertemperatur haben.

Foto auf S. 6

**Als Hauptgericht für
3 Portionen, als Beilage für 6
Zeitaufwand: ca. 30 Minuten**

**250 g Nudeln (z. B.
Mini-Spiralen)**
**200 g eingelegte getrock-
nete Tomaten**
**1 kleine Knoblauchzehe,
frisch gerieben**
¼ TL Ingwer, gerieben
2 EL eingelegte Kapern
3 EL Olivenöl
100 g Pinienkerne
200 g Schafskäse (Feta)
Pfeffer, Salz

1   Die Nudeln in Salzwasser (1 TL Salz auf 1 Liter Wasser) nach Packungsanweisung bissfest garen.

2   In der Zwischenzeit die eingelegten Tomaten in kleine Stücke schneiden. Knoblauch, Ingwer, Kapern und Oliven-öl in einer Schüssel gut mit den Tomaten vermengen.

3   Die abgetropften, noch heißen Nudeln in die Tomaten-Knoblauch-Mischung mischen. Etwas abkühlen lassen.

4   Die Pinienkerne ohne Fett leicht in der Pfanne anrös-ten. Den Schafskäse in Stücke schneiden. Beides vorsich-tig unter die Nudeln heben, eventuell mit Salz und Pfeffer abschmecken.

Nudelsalat Italienisch mit Pesto

Dieser vegetarische Nudelsalat lässt sich sehr gut am Vortag zubereiten.

**Als Hauptgericht für
3 Portionen, als Beilage für 6
Zeitaufwand: ca. 30 Minuten**

**250 g Nudeln (z. B. Orecchiette)
200 g Cocktailtomaten
20 schwarze, entsteinte Oliven
200 g Mini-Mozzarellakugeln
150 g Basilikumpesto
  (siehe Tipp)
1 EL heller Balsamico-Essig
Basilikum**

1 Die Nudeln in ca. 3 Litern Salzwasser (1 TL Salz je 1 Liter Wasser) nach Packungsanweisung „al dente" garen und abgießen. Erkalten lassen.

2 Die Tomaten halbieren, die Oliven in dünne Scheiben schneiden. Tomaten, Oliven, Mozzarellakugeln und Pesto gut vermischen. Wenn Sie ein fertiges Pesto nehmen, sollten Sie dieses noch mit etwas Balsamico-Essig abschmecken.

3 Die Tomaten-Pesto-Soße zu den abgekühlten Nudeln geben und vermischen. In eine Schüssel geben und mit Basilikum dekorieren.

TIPP Stellen Sie Ihr Pesto ganz einfach und schnell selbst her. Es hält sich, mit Olivenöl bedeckt, in einem Schraubglas über Monate. Pesto gibt vielen Gerichten einen besonderen Geschmack. Sie finden das Rezept auf Seite 73.

Nudelsalat Sommer in Griechenland

Dieser Sommerhit eignet sich besonders gut für ein Picknick, zum Grillen oder für ein Buffet. Er kann gut ein paar Stunden vorher zubereitet werden.

Als Hauptgericht für ca. 3 Portionen, als Beilage für ca. 6
Zeitaufwand: ca. 1 Stunde

100 g Salatgurke
1 kleine rote Paprika
250–300 g griechischer Schafskäse (Feta)
100 g Mini-Tomaten
30 schwarze, eingelegte Oliven ohne Stein
4 Frühlingszwiebeln
6 Pfefferonen (bei sehr großen nur 4 Stück)
6 EL Olivenöl
Zitronensaft
Pfeffer, Salz
250 g Nudeln (z. B. Penne)
3 Knoblauchzehen

1 Die Gurke längs aufschneiden, die Kerne mit einem Löffel ausheben und entfernen. Die Paprikaschote aufschneiden, die Kerne und die weißen Scheidewände entfernen. Gurke, Paprikaschote und Schafskäse in ca. 1 cm große Stücke schneiden.

2 Die Mini-Tomaten halbieren. Oliven, Frühlingszwiebeln und Pfefferonen in dünne Scheiben schneiden.

3 Alles zusammen in einer Schüssel mit dem Olivenöl mischen. Mit dem Zitronensaft, Pfeffer und Salz abschmecken. Eine halbe bis eine Stunde gut durchziehen lassen.

4 Inzwischen das Nudelwasser mit Salz (1 TL auf 1 Liter Wasser) und den 3 geschälten und halbierten Knoblauchzehen aufkochen. Die Nudeln nach Packungsanweisung darin kochen. Das Wasser abgießen, den Knoblauch entfernen und die Nudeln erkalten lassen.

5 Die Nudeln auf das marinierte Gemüse geben und vorsichtig unterheben.

Nudelsalat Walnüsse & Pecorino

Wegen den Nüssen, die mit der Zeit Bitterstoffe abgeben, sollte dieser vegetarische Salat am gleichen Tag verzehrt werden.

Als Hauptgericht für 3 Portionen, als Beilage für 6
Zeitaufwand: ca. 1 Stunde

125 ml Rotwein
Salz, Pfeffer
1 EL Honig
2 EL Olivenöl
2 EL Walnussöl
250 g breite Nudeln
80 g Walnüsse, gehackt
200 g italienischer Pecorino, mittelalt oder geräucherter Scamorza

1 Den Rotwein in einen kleinen Topf geben und zur Hälfte einkochen. Mit Salz, Pfeffer und Honig abschmecken (ist die Marinade zu sauer, etwas mehr Honig dazugeben). Olivenöl und Walnussöl untermischen.

2 Die Nudeln in ca. 3 Litern Salzwasser (1 TL Salz je 1 Liter Wasser) nach Packungsanweisung „al dente" garen, abgießen und noch heiß in die Rotweinmarinade geben. Abkühlen lassen.

3 Die Walnüsse grob hacken (ein paar halbe Walnüsse für die Deko zur Seite legen) und den Käse in Würfel schneiden.

4 Gehackte Walnüsse und Käsewürfel mit den marinierten Nudeln mischen, in eine Schüssel geben und mit den halben Walnüssen garnieren

TIPP Sehr gut eignen sich für dieses Gericht Barolo-Nudeln. Diese bekommen Sie in italienischen Lebensmittelgeschäften. Der Barolowein färbt die Nudeln rot, weshalb der Nudelsalat nicht nur geschmacklich, sondern auch farblich etwas Besonderes ist.

Nudelsalat à la Katharina

Bei Einladungen werde ich immer gefragt, ob meine Freundin Katharina wieder ihren köstlichen vegetarischen Nudelsalat mitbringt.

Als Hauptgericht für
3 Portionen, als Beilage für 6
Zeitaufwand: ca. 1 Stunde

FÜR DIE NUDELN
250 g Nudeln (z. B. Mini-Penne)
½ Packung TK-Italienische Kräuter
30 g Pinienkerne
40 g schwarze Oliven ohne Stein
50 g eingelegte, getrocknete Tomaten
125 g Mini-Mozzarellakugeln
1 Handvoll Rucola
evtl. Balsamico-Creme

FÜR DAS DRESSING
1 kleine Knoblauchzehe
1 kleine rote Zwiebel
20 ml Olivenöl
1 TL Zucker
20 ml dunkler Balsamico-Essig
1 EL Tomatenmark
Oregano, frisch oder getrocknet
Pfeffer, Salz

1 Die Nudeln in Salzwasser nach Packungsanweisung bissfest kochen. Abgießen und noch warm mit den TK-Kräutern mischen.

2 Die Pinienkerne in einer Pfanne ohne Fett anrösten. Die Oliven halbieren, die getrockneten Tomaten klein schneiden und alles unter die Nudeln mischen.

3 Knoblauch und Zwiebel in kleine Würfel schneiden. Eine Pfanne mit dem Olivenöl erhitzen und Knoblauch und Zwiebel bei mittlerer Hitze dünsten. Den Zucker dazugeben und langsam karamellisieren lassen. Mit Balsamico-Essig ablöschen, Tomatenmark und Oregano hinzufügen, mit Salz und Pfeffer abschmecken und ca. 5 Minuten weiter dünsten. Alles über die Nudeln geben und abkühlen lassen. Abschmecken.

4 Mozzarellakugeln halbieren, Rucola waschen, mit der Hand grob zerreißen und beides unter den erkalteten Nudelsalat mischen. Falls vorhanden, mit etwas Balsamico-Creme beträufeln.

 **TIPP** Eingelegte Tomaten kann man fertig im Glas kaufen. Besser sind sie selbstgemacht. Das Rezept hierfür finden Sie auf Seite 72.

Nudelsalat Kürbis

Ein herbstlicher, vegetarischer Gaumenschmaus, der gut vorbereitet werden kann, Kürbiskerne und Kürbiskernöl sollten jedoch erst vor dem Servieren dazugegeben werden.

**Als Hauptgericht für
3 Portionen, als Beilage für
6 Portionen
Zeitaufwand: ca. 90 Minuten**

FÜR DIE NUDELN
250 g Nudeln
**1 kleiner Hokkaido-Kürbis
  (ca. 400 g geputzt)**
4 EL Öl
100 ml Orangensaft
1 TL Curry
Salz, Pfeffer
2 EL Kürbiskerne
1 EL Puderzucker
4 EL Kürbiskernöl

FÜR DAS DRESSING
1 EL Honig
1 EL dunkler Balsamico-Essig
**50 ml neutrales Öl (z. B.
  Sonnenblumenöl)**

1 Die Nudeln in Salzwasser nach Packungsanweisung bissfest kochen. Abgießen und zur Seite stellen.

2 Den Kürbis waschen, den Fruchtansatz abschneiden und den Kürbis vierteln. Die Kerne mit einem Löffel entfernen und den Kürbis in 1 cm große Stücke schneiden (ein Hokkaido-Kürbis muss nicht geschält werden).

3 Das Öl in einer Pfanne erhitzen und die Kürbiswürfel kurz darin braten. Den Orangensaft hinzufügen und mit kleiner Hitze und abgedeckt ca. 20 Minuten dünsten. Wenn der Kürbis weich, aber noch bissfest ist, mit Curry, Salz und Pfeffer würzen. Wenn noch viel Flüssigkeit in der Pfanne ist, mit großer Hitze und ohne Deckel etwas einkochen lassen. Zur Seite stellen.

4 Für das Dressing Honig und Essig verrühren, mit Salz und Pfeffer abschmecken und das Öl langsam unterrühren.

5 Das Dressing in die Pfanne zu den Kürbiswürfeln geben, gut mischen und durchziehen lassen.

6 Die Kürbiskerne in einer beschichteten Pfanne mit Puderzucker bestreuen und auf mittlerer Hitze langsam karamellisieren lassen.

7 Die Nudeln in einer Schüssel mit den Kürbiswürfeln mischen. Mit den karamellisierten Kürbiskernen bestreuen und mit Kürbiskernöl beträufeln.

Nudelsalat Birne & Walnuss

Sie und Ihre Gäste werden von diesem außergewöhnlichen, vegetarischen Nudelsalat mit den wenigen Zutaten begeistert sein. Nach der Zugabe von Rucola und Walnüssen, die mit der Zeit Bitterstoffe abgeben, sollte dieser Salat bald verzehrt werden.

**Als Hauptgericht für
3 Portionen, als Beilage für 6
Zeitaufwand: 30–45 Minuten**

FÜR DAS DRESSING
4 EL heller Balsamico-Essig
2 EL Honig
Salz/Pfeffer
4 EL Öl (z. B. Sonnenblumenöl)

FÜR DIE NUDELN
250 g Nudeln (z. B. Bandnudeln)
150 g Walnusskerne
2 EL Honig
20 g Rucola
**600 g Birnen (geschält und
  entkernt ca. 500 g)**
2 EL Walnussöl

1   Essig und Honig gut miteinander vermengen und mit Salz und Pfeffer abschmecken. Das Öl langsam einlaufen lassen und gut unterrühren (dadurch wird das Dressing dickflüssig).

2   Die Nudeln in Salzwasser nach Packungsanweisung bissfest kochen, abgießen und sofort mit dem Dressing vermengen (warme Nudeln können das Dressing besser aufnehmen). Zur Seite stellen und kalt werden lassen.

3   Inzwischen die Walnüsse grob hacken. Walnüsse und Honig in einer Pfanne langsam karamellisieren lassen.

4   Den Rucola waschen und etwas klein schneiden. Die Birnen schälen, entkernen und längs in dünne Scheiben schneiden. Rucola, Birnen und Walnüsse vorsichtig unter die kalten Nudeln heben. Die Birnenscheiben dürfen nicht braun werden – das passiert nicht, wenn sie schnell mit den marinierten Nudeln vermischt werden (durch den Essig bleiben die Birnenscheiben hell).

5   Vor dem Servieren mit dem Walnussöl beträufeln.

TIPP

Walnüsse enthalten Magnesium, Zink, Eisen, Phosphor, etliche Vitamine, gute Fette, Folsäure, Eisen sowie Kalium. Ein echtes Superfood.

Nudelsalat Mediterranes Backofengemüse

Dieser vegetarische Salat sollte am Tag der Zubereitung verzehrt werden, denn das Gemüse verliert am nächsten Tag an Aussehen und Geschmack. Genießen Sie den Salat nicht zu kalt, er sollte Raumtemperatur haben. Nimmt man Nudeln ohne Ei, ist es ein veganes Gericht.

**Als Hauptgericht für
3 Portionen, als Beilage für 6
Zeitaufwand: ca. 60–90 Minuten**

½ rote Paprika
½ kleine Zucchini
½ kleine Aubergine
100 g kleine Champions
1 EL getrocknete Italienische
  Kräuter mit Knoblauch und
  Chili
2 EL Olivenöl
1 Handvoll frische Kräuter
  (z. B. Salbei, Rosmarin, Basilikum, Oregano, Thymian)
250 g Nudeln (z. B. Trofie,
  kurze gerollte Nudeln)
2 EL heller Balsamico-Essig
Pfeffer, Salz

1 Den Backofen auf 180 °C Umluft (Ober- und Unterhitze 200 °C) vorheizen. Das Gemüse in kleine Stücke schneiden und mit getrockneten Kräutern und Olivenöl mischen.

2 Ein Backblech mit Backpapier auslegen und das Gemüse auf dem Blech gut verteilen.

3 Die frischen Kräuter dazugeben und im vorgeheizten Backofen ca. 15 bis 20 Minuten backen.

4 Inzwischen die Nudeln in ca. 3 Litern Salzwasser (1 TL Salz je 1 Liter Wasser) nach Packungsanweisung bissfest garen und abgießen.

5 Das gebackene Gemüse in eine Schüssel geben, mit Balsamico und eventuell noch Salz und Pfeffer abschmecken. Abkühlen lassen.

6 Die Nudeln vorsichtig unter das marinierte Gemüse heben und anrichten.

TIPP Dazu passt klein geschnittener, gegrillter Halloumi (Grill- und Pfannenkäse).

Nudelsalat Steinpilz

Ein vegetarisches Gericht, das bei Verwendung von Nudeln ohne Ei sogar vegan ist. Wildpilze sollten am Tag der Zubereitung verzehrt werden.

Als Beilage für 6 Portionen, als Hauptgericht für 3
Zeitaufwand: ca. 1 Stunde

10 g getrocknete Steinpilze
250 g breite Bandnudeln
200 g frische Steinpilze
2 Knoblauchzehen
1 mittelgroße Zwiebel
6 EL Olivenöl
Salz, Pfeffer
1 Prise Zucker
Saft von ½ Limette
2 Stängel Petersilie

1   Die getrockneten Steinpilze in einer Tasse Wasser einweichen.

2   Die Nudeln in ca. 3 Litern kochendem Salzwasser (1 TL Salz pro 1 Liter Wasser) nach Packungsanweisung garen. Abgießen und zur Seite stellen.

3   Die frischen Steinpilze vorsichtig mit einem Backpinsel säubern und die Stielenden dünn abschneiden. Die Pilze längs in Scheiben schneiden. Die Knoblauchzehen in sehr dünne Scheibchen schneiden, die Zwiebel in kleine Würfel hacken.

4   4 EL Olivenöl in einer Pfanne erhitzen und Pilze, Knoblauch und Zwiebel darin braten, bis alles gebräunt ist (ca. 5 bis 10 Minuten). Aus der Pfanne nehmen und ebenfalls zur Seite stellen.

5   Die eingeweichten Steinpilze aus dem Wasser nehmen (Pilzwasser aufheben), klein schneiden und in den restlichen 2 EL Olivenöl in der Pfanne kurz braten. Mit dem Pilzwasser ablöschen und etwas einkochen. Mit Salz, Pfeffer, Zucker und Limettensaft abschmecken.

6   Die Nudeln sofort zum heißen Pilzsud geben, die gebratenen Steinpilze mit Knoblauch unterheben. Den Nudel-Pilzsalat in eine Schüssel geben und mit der gehackten Petersilie bestreuen.

Nudelsalat Räuchertofu & Champignons

Ein vegetarisches Gericht, das gut ein paar Stunden vorher zubereitet werden kann. Bei Verwendung von Nudeln ohne Ei ist es sogar vegan.

**Als Hauptgericht für
2 Portionen, als Beilage für 4
Zeitaufwand: ca. 1 Stunde**

150 Nudeln (z. B. Penne)
150 g geräucherter Tofu
2 EL Oliven- oder Erdnussöl
100 g rote Paprika
3 Frühlingszwiebeln
100 g Champignons
4 EL Olivenöl
Saft von 1 Limette
3 EL Sojasoße
1 Knoblauchzehe
½ TL Ingwer
Pfeffer, Salz

1 Die Nudeln nach Packungsanweisung in Salzwasser bissfest kochen. Abgießen und zur Seite stellen.

2 Den Tofu in Würfel schneiden und in einer Pfanne mit 2 EL Öl hellbraun braten. Aus der Pfanne nehmen und zur Seite stellen.

3 Die Paprika in kleine Stücke, die Frühlingszwiebeln in dünne Ringe und die Champignons in dünne Scheiben schneiden. 4 EL Olivenöl in einer Pfanne erhitzen und darin Paprika, Frühlingszwiebeln und Champignons ca. 5 Minuten braten. Mit Limettensaft und Sojasoße ablöschen. Knoblauch und Ingwer fein reiben und zum Gemüse geben. Kurz mitbraten. Die Pfanne vom Herd nehmen, das Gemüse mit Salz und Pfeffer abschmecken und die gebratenen Tofuwürfel vorsichtig unterheben.

4 Alles in einer Schüssel mit den Nudeln gut durchmischen. Mit grünen Frühlingszwiebelringen bestreut servieren.

Glasnudelsalat Asiatisch mit Tofu

Ein scharfes, vegetarisches Gericht, das ein paar Stunden vorher zubereitet werden kann.

**Als Hauptgericht für
2 Portionen, als Beilage für 4
Zeitaufwand: ca. 1 Stunde**

**100 g Glasnudeln
2 Knoblauchzehen
1 rote Chilischote
½ rote Paprika
3 EL Olivenöl
2 EL Sesamsaat
2 EL brauner Zucker
5–6 EL Limettensaft
2 EL Sojasoße
Salz, Pfeffer
150 g geräucherter Tofu
3 EL Oliven- oder Erdnussöl
4 Stiele Koriandergrün, Blättchen abgezupft, oder Petersilie, fein geschnitten**

1   Die Glasnudeln in einer Schüssel mit kochendem Wasser übergießen und 5 Minuten ziehen lassen. Abgießen, kalt abspülen und abtropfen lassen. Die Nudeln mit einer Schere kurz schneiden. Die Knoblauchzehen schälen und in dünne Scheiben schneiden. Die Chilischote in feine Ringe schneiden, die Kerne nicht wegwerfen. Die Paprika klein würfeln.

2   In einer Pfanne das Olivenöl erhitzen und die Knoblauchscheiben hellbraun braten, aus der Pfanne nehmen. In dem zurückgebliebenen Öl Chiliringe samt Kernen (je mehr Kerne, desto schärfer), Paprikastücke und Sesamsaat ca. 2 Minuten braten. Den Knoblauch wieder hinzugeben und alles mit Zucker bestreuen. Bei mittlerer Hitze und unter ständigem Rühren kurz karamellisieren lassen. Mit Limettensaft und Sojasoße ablöschen und die Pfanne vom Herd nehmen. Mit Pfeffer und Salz abschmecken. Die Nudeln sofort in die noch heiße Pfanne geben, gut untermischen und alles in der Pfanne erkalten lassen.

3   Den Tofu in 5 mm dicke Scheiben schneiden. Öl in einer Pfanne erhitzen und die Scheiben darin hellbraun braten.

4   Den erkalteten Nudelsalat in eine Schüssel geben. Die Hälfte der Korianderblättchen oder der Petersilie untermischen. Die Tofuscheiben auf dem Nudelsalat verteilen und mit dem restlichen Kräutergrün bestreuen.

Nudelsalat Erd- & Heidelbeeren

Ein frisches, sommerliches Dessert! Wegen der frischen Beeren sollte
der Nudelsalat bald gegessen werden.

**Als Nachspeise für
4–6 Portionen
Zeitaufwand: ca. 20 Minuten**

FÜR DIE NUDELN
**150 g Nudeln (z. B. kleine
  Muschelnudeln)**
1 EL Zucker
1 Stange Zimt
200 g Erdbeeren
200 g Heidelbeeren
**evtl. Blättchen von frischer
  Minze oder Zitronenmelisse**

FÜR DAS DRESSING
1 kleine Banane
**Schalenabrieb und Saft
  von ½ Bio-Zitrone**
100 g Sahne
50 g Zucker
1 TL Vanillezucker

1   Die Nudeln nach Packungsanweisung bissfest garen,
dabei Zucker und Zimtstange mitkochen. Die Nudeln abgießen und kalt abspülen, die Zimtstange entfernen.

2   Die Erdbeeren je nach Größe vierteln oder halbieren.

3   Für das Dressing Banane, Zitronensaft und -abrieb,
Sahne und Vanillezucker mit einem Pürierstab pürieren.

4   Beeren, Nudeln und Bananendressing vermischen.
Eventuell mit frischen Kräuterblättchen und Beeren
dekoriert servieren.

TIPP   Auch Himbeeren, Pfirsiche, Aprikosen
usw. schmecken gut in Verbindung mit
dem Bananendressing.

Nudelsalat Schwarzwälder Art

Kann gut schon am Vortag zubereitet werden. Das Kirschwasser kann auch weggelassen werden.

**Als Nachspeise für
6–8 Portionen
Zeitaufwand: ca. 1 Stunde**

FÜR DIE NUDELN
500 ml Milch
2 EL Zucker
**200 g Nudeln (z. B. Hörnchen
   oder Schleifen)**
1 Glas à 720 g Sauerkirschen
1 TL Zimt
4 TL Vanillezucker
2 TL Speisestärke
2 EL Kirschwasser
50 g Schokoraspel

FÜR DAS DRESSING
100 g Crème fraîche
2 EL Zucker
2 Vanillezucker
150 g Sahne

1 Milch, Zucker und 1 Liter Wasser miteinander verrühren und zum Kochen bringen. Die Nudeln darin bissfest kochen. Vorsicht, kann leicht anbrennen – deshalb unter ständigem Rühren und auf kleiner Flamme kochen. Die Nudeln abgießen, in eine Schüssel geben und zur Seite stellen.

2 Die Sauerkirschen abgießen, dabei den Saft auffangen. 150 ml Saft mit Zimt und Vanillezucker in einem Topf aufkochen. Die Speisestärke mit 2 EL Saft klümpchenfrei verrühren und in den kochenden Saft einrühren. Gut eine Minute leise köcheln lassen, dabei unbedingt weiterrühren! Vom Herd nehmen, Kirschwasser und ca. 300 g abgetropfte Kirschen unterrühren und über die noch warmen Nudeln geben, gut vermengen. Durchziehen und abkühlen lassen.

3 Crème fraîche, Zucker und Vanillezucker verrühren. Die Sahne steif schlagen. Die steife Sahne mit einem Schneebesen unter die Crème fraîche ziehen.

4 Wenn die Nudeln ganz abgekühlt sind, das Sahnedressing mit den Nudeln mischen, dabei ein bisschen für die Deko übriglasse. Mit Sahne, Schokoraspeln und Kirschen dekoriert servieren.

Nudelsalat Mango, Ananas & Kokos

Mit diesem außergewöhnlichen und exotischen Nudeldessert können Sie sich und Ihre Gäste so richtig verwöhnen. Dieser Salat schmeckt auch am nächsten Tag noch sehr lecker.

**Als Nachspeise für
6–8 Portionen
Zeitaufwand: ca. 1 Stunde**

**500 + 100 ml Kokosmilch
2 TL Vanillezucker
150 g Nudeln (z. B. Spirelli
oder Hörnchen)
2 Mangos
½ Ananas
4 EL Granatapfelkerne
2 EL Zucker
20 g Kokoschips
1 EL Puderzucker**

1   500 ml Kokosmilch und Vanillezucker verrühren und aufkochen. Die Nudeln hinzufügen und bissfest kochen, dabei immer wieder umrühren, damit nichts anbrennt. Abgießen und zur Seite stellen.

2   Die Mangos schälen, das Fruchtfleisch vom Kern schneiden und in gleichmäßig große Stücke schneiden. Fruchtfleischreste, die sich nicht zum Würfeln eignen, zur Seite legen.

3   Die Ananas schälen, vierteln, den holzigen Strunk in der Mitte entfernen und das Fruchtfleisch in kleine Stücke schneiden. Ananas, Mangos und Granatapfelkerne in eine Schüssel geben.

4   100 ml Kokosmilch, die Reststücke der Mangos und Zucker in einem hohen Becher mit einem Pürierstab fein pürieren. Püree, abgekühlte Nudeln und Früchte gut vermengen.

5   Die Kokoschips in einer Pfanne mit Puderzucker bestäuben und langsam, bei mittlerer Hitze, karamellisieren lassen. Vor dem Anrichten die frisch karamellisierten Kokoschips auf den Nudelsalat geben.

Weihnachtliches Obst-Nudel-Dessert

Eine außergewöhnliche weihnachtliche Speise. Nicht nur für Kinder ein Highlight.
Dieser Salat sollte möglichst frisch verzehrt werden.

**Als Dessert für 5 Portionen,
als Hauptgericht für 3
Zeitaufwand: 1 Stunde**

FÜR DIE NUDELN
500 ml Milch
1 TL Lebkuchengewürz
2 EL Zucker
**125 g Nudeln (z. B. kleine
Muschelnudeln)**
100 g getrocknete Datteln
100 g getrocknete Feigen
100 g getrocknete Aprikosen
60 g gestiftelte Mandeln

FÜR DAS DRESSING
50 g Crème fraîche
½ TL Vanillepaste (siehe Tipp)
50 g Sahne
20 g Zucker

1 Milch, Lebkuchengewürz und Zucker aufkochen, die Nudeln hinzufügen und nach Zeitangabe auf der Packung bissfest kochen. Vorsicht, die Milch brennt leicht an, besser auf kleiner Flamme arbeiten.

2 Datteln, Feigen und Aprikosen klein würfeln (ca. ½ cm) und in eine Schüssel geben.

3 Die Nudeln abgießen, dabei die gewürzte Milch auffangen und noch heiß über die Trockenfrüchte gießen. 5 Minuten ziehen lassen und abgießen. Früchte und Nudeln vermischen. Lauwarm abkühlen lassen.

4 Crème fraîche, Vanillepaste, Sahne und Zucker verrühren, bis sich der Zucker aufgelöst hat. Das Dressing über die lauwarme Frucht-Nudel-Mischung geben und umrühren.

5 Die Mandelstifte ohne Fett in einer Pfanne leicht anrösten und auf den Salat streuen.

TIPP

Vanillepaste kann man kaufen oder selbst machen, dafür brauchen Sie einen Zerkleinerer. 10 Vanilleschoten klein schneiden und mit 140 g braunem Zucker fein mixen. Dieses Vanille-Zucker-Mehl mit 140 ml Wasser, 1 Prise Salz und 2–3 EL Agavendicksaft ca. 12 Minuten unter Rühren köcheln lassen, bis die Masse dickflüssig ist. Abkühlen lassen und erneut im Mixer pürieren. In einem ausgekochten Schraubglas im Kühlschrank aufbewahren.

Nudeln selbst gemacht

300 g Hartweizenmehl
3 Eier Größe M
1 Prise Salz

1 Das Mehl auf eine Arbeitsfläche geben, in der Mitte eine tiefe Mulde formen. Eier und Salz in die Mulde geben und mithilfe einer Gabel nach und nach von innen nach außen mit dem Mehl vermengen. Die Masse mit den Händen mindestens 5 bis 10 Minuten zu einem glatten Teig kneten. Sollte der Teig kleben, etwas Mehl dazugeben. Eine Kugel formen, in Frischhaltefolie wickeln und mindesten 1 Stunde bei Zimmertemperatur ruhen lassen.

2 Ohne Nudelmaschine den Teig mit dem Nudelholz dünn ausrollen. Damit er nicht klebt, Arbeitsfläche und Nudelholz mit Mehl bestäuben. Für Band- und Suppennudeln die Teigplatte mehrmals falten und mit Teigrädchen oder scharfem Messer in Streifen schneiden. Einfacher wird es mit einer manuellen oder elektrischen Nudelmaschine.

3 Will man die Nudeln nicht sofort verwenden, sollten sie, mit Mehl bestäubt, auf einer großen Fläche zum Trocknen ausgelegt werden. Das dauert ca. 1 bis 2 Tage. Dabei immer wieder wenden. Durchgetrocknet können die Nudeln in einem Schraubglas längere Zeit gelagert werden.

Eingelegte, getrocknete Tomaten

Wenn die Tomaten gut mit Öl bedeckt ist, können sie in den verschlossenen Gläsern über mehrere Monate aufbewahrt werden.

125 ml Wasser
500 ml Balsamico-Essig
500 g getrocknete Tomaten*

1 Wasser und Essig im Topf aufkochen, Tomaten dazugeben und kurz aufkochen. Vom Herd nehmen und 6 Minuten ziehen lassen.

Blättchen von 1 Bund Basilikum
1 Knolle Knoblauch
1 Glas Kapern (ca. 60 g Kapern)
500 ml Olivenöl
3 Twist-off-Gläser, Inhalt
   je ca. 400 ml

_____

* getrocknete Tomaten erhalten
  Sie im Lebensmittelgeschäft

2 Die Basilikumblätter waschen und trocken tupfen. Die Knoblauchknolle in Zehen zerlegen, schälen und in dünne Scheiben schneiden. Die Kapern in einem Sieb abtropfen lassen. Die Tomaten aus dem Essigsud nehmen und abtropfen lassen.

3 Die Gläser zu einem Drittel mit Tomaten füllen, darauf Knoblauchscheiben, dann Basilikumblätter und Kapern. Etwas festdrücken und mit einem Teil Olivenöl begießen. Dies in gleicher Reihenfolge wiederholen. Zum Schluss das Glas mit Tomaten und Olivenöl ganz auffüllen. Die Tomaten müssen mit Olivenöl bedeckt sein. Die Gläser gut verschließen.

Basilikumpesto

120 g Mandelblättchen oder
   Pinienkerne
100 g frische Basilikumblätter
1 Knoblauchzehe, grob
   zerkleinert
125 g mildes Olivenöl
100 g Parmesankäse, gerieben
1 TL Salz, Pfeffer

Die Mandeln in der Pfanne ohne Fett leicht anrösten. Erkalten lassen. Die Basilikumblättchen waschen und trocken tupfen. Knoblauch, Mandeln, Basilikum und Olivenöl in einem hohen Gefäß mit einem Stabmixer pürieren. Nach und nach den Parmesan hinzufügen und mit Salz und Pfeffer abschmecken. Es soll eine sämige, cremige Paste sein. Eventuell noch ein wenig Olivenöl hinzufügen. In Twist-off-Gläsern hält sich das Pesto mit Olivenöl bedeckt mehrere Monate.

TIPP Für Bärlauchpesto nehmen Sie anstelle von Basilikum frischen Bärlauch, der Knoblauch entfällt.

Rezeptverzeichnis nach Kapiteln

Alphabetisches Rezeptverzeichnis

Impressum

1. Auflage

© 2022 by Bassermann Verlag, einem Unternehmen der Penguin Random House Verlagsgruppe GmbH, Neumarkter Straße 28, 81673 München

Rezepte und Texte: Ulrike Beilharz
Fotos: Food Fotografie: Dirk Przibylla, Foodstyling: Marc Fleischer,
Styling: Dirk Przibylla/Melanie Clausen
Umschlaggestaltung: Atelier Versen, Bad Aibling
Innengestaltung und Satz: kreativsatz, Nadine Thiel, Baldham

Herstellung: Elke Cramer
Bildredaktion: Sabine Kestler
Projektleitung: Anja Halveland

Satz: Thiel, kreativsatz, Baldham
Reproduktion: Mohn Media Mohndruck GmbH, Gütersloh
Druck und Bindung: Firmengruppe APPL, Wemding

Printed in Germany

Penguin Random House Verlagsgruppe FSC® N001967

Was wäre das Leben ohne Kartoffelsalat?

80 Seiten, durchgehend farbig bebildert
ISBN 978-3-8094-4464-0

Im Sommer gehört er zu Picknick, Grillfest und Sommerpartys. Weihnachten und Silvester wären ohne Kartoffelsalat gar nicht denkbar. Und im Frühjahr kann man die ersten heimischen Kartoffeln doch kaum erwarten. Fast jeder hat „sein" Rezept für diesen beliebten Salat, dabei vergisst man schnell, wie unglaublich vielfältig er variiert werden kann. In diesem Buch finden Sie fantastische Rezepte, die Ihnen zeigen, was alles möglich ist!

Besuchen Sie uns auch auf

www.bassermann-verlag.de

Rezept auf Seite 28